BEI GRIN MACHT SICH IHR WISSEN BEZAHLT

- Wir veröffentlichen Ihre Hausarbeit, Bachelor- und Masterarbeit

- Ihr eigenes eBook und Buch - weltweit in allen wichtigen Shops

- Verdienen Sie an jedem Verkauf

Jetzt bei www.GRIN.com hochladen und kostenlos publizieren

Bibliografische Information der Deutschen Nationalbibliothek:

Die Deutsche Bibliothek verzeichnet diese Publikation in der Deutschen Nationalbibliografie; detaillierte bibliografische Daten sind im Internet über http://dnb.d-nb.de/ abrufbar.

Dieses Werk sowie alle darin enthaltenen einzelnen Beiträge und Abbildungen sind urheberrechtlich geschützt. Jede Verwertung, die nicht ausdrücklich vom Urheberrechtsschutz zugelassen ist, bedarf der vorherigen Zustimmung des Verlages. Das gilt insbesondere für Vervielfältigungen, Bearbeitungen, Übersetzungen, Mikroverfilmungen, Auswertungen durch Datenbanken und für die Einspeicherung und Verarbeitung in elektronische Systeme. Alle Rechte, auch die des auszugsweisen Nachdrucks, der fotomechanischen Wiedergabe (einschließlich Mikrokopie) sowie der Auswertung durch Datenbanken oder ähnliche Einrichtungen, vorbehalten.

Impressum:

Copyright © 2015 GRIN Verlag, Open Publishing GmbH
Druck und Bindung: Books on Demand GmbH, Norderstedt Germany
ISBN: 9783668547551

Dieses Buch bei GRIN:

http://www.grin.com/de/e-book/377346/training-und-ziele-zur-verbesserung-der-ausdauer

Anna Braun

Training und Ziele zur Verbesserung der Ausdauer

GRIN - Your knowledge has value

Der GRIN Verlag publiziert seit 1998 wissenschaftliche Arbeiten von Studenten, Hochschullehrern und anderen Akademikern als eBook und gedrucktes Buch. Die Verlagswebsite www.grin.com ist die ideale Plattform zur Veröffentlichung von Hausarbeiten, Abschlussarbeiten, wissenschaftlichen Aufsätzen, Dissertationen und Fachbüchern.

Besuchen Sie uns im Internet:

http://www.grin.com/

http://www.facebook.com/grincom

http://www.twitter.com/grin_com

Deutsche Hochschule für
Prävention und Gesundheitsmanagement

Einsendeaufgabe

Fachmodul: Trainingslehre II

Studiengang: Fitnessökonomie

Datum
Präsenzphase: 16.11.2015 - 18.11.2015

Name, Vorname: Braun, Anna

Studienort: **Stuttgart**

Semester: **Wintersemester 2014**

Inhaltsverzeichnis

1 DIAGNOSE 3

1.1 Allgemeine und biometrische Daten..3

1.2 Leistungsdiagnostik/ Ausdauertestung..4

1.3 Gesundheits- und Leistungsstatus der Person..5

2 ZIELSETZUNG- PROGNOSE 6

3 TRAININGSPLANUNG MESOZYKLUS 7

3.1 Grobplanung Mesozyklus..7

3.2 Detailplanung Mesozyklus...7

3.3 Begründung zum Mesozyklus..9

4 LITERATURRECHERCHE 11

5 LITERATURVERZEICHNIS 14

6 ABBILDUNGS- UND TABELLENVERZEICHNIS 15

6.1 Tabellenverzeichnis..15

1 Diagnose

1.1 Allgemeine und biometrische Daten

Tabelle 1: Allgemeine und biometrische Daten

Geschlecht	Männlich
Alter	24 Jahre
Körpergewicht	90kg Norm: 68g - 87kg
Körpergröße	185cm
Berufliche Tätigkeit	Student
Aktuelle sportliche Tätigkeit	Keine sportliche Aktivität Dauer: Seit 5 Jahren Umfang:-
Frühere sportliche Tätigkeit	Fußball Dauer: 5 Jahre Umfang: 1mal/ Woche
Zeitlicher Verfügungsrahmen	Pro Woche: 2-3 mal Umfang: 1-2 Stunden
Bisherige Erfahrung mit Ausdauersport	Keine, außer Fußball
Trainingsmotive	Allgemeine Fitness, Verbesserung der Ausdauer, Gewichtsreduktion
Allgemeiner Gesundheitszustand	Keine Befindlichkeiten
Krankheiten	Nein
Orthopädische Probleme	Nein
Internistische Probleme	Nein
Akute/ Chronische Erkrankungen	Nein
Operationen	Nein
Ärztliche Behandlung	Nein
Medikamente	Nein
Blutdruck	130/85mmHg Der Blutdruck ist laut der Normtabelle von Wollenberg (2015) hochnormal. Optimaler Blutdruck: <120/<80 Normalwert:120-129/ 80-84 Hochnormal: 130-139/ 85-89 Hypertonie Stufe 1: 140-159/ 90-99 Hypertonie Stufe 2: 160-179/ 100-109 Hypertonie Stufe 3: >=180 / >=110
Ruhepuls	85 Schläge/Min Sein Ruhepuls ist laut Wollenberg über den Normwerten. Normwerte: 60-80 Schläge/Min
Raucher	Nein
BMI	26.3 Nach WHO (2015) hat die Person leichtes Übergewicht. Untergewicht: <18,5 Normalgewicht: 18,5 – 24,9 Leichtes Übergewicht: 25- 29,9 Übergewicht: >30

Körperfettanteil	24% Die Person hat einen erhöhten Körperfettanteil (Lehrke & Lässle, 2009). Niedrig: < 8 % Normal: 8-20% Hoch: 20-25% Sehr hoch: >25%

1.2 Leistungsdiagnostik/ Ausdauertestung

Zur Analyse der Ausdauerleistungsfähigkeit der Person wird ein IPN-Fahrradergometer- Ausdauertest durchgeführt. Um ein für ihn individuell geeignetes Testprofil auswählen zu können wird der Proband vorab eingestuft nach Alter, Geschlecht, Trainingszustand und Ruhepuls. Nach Berechnung der Zielherzfrequenz wird über die Testdurchführung entschieden. Nach dieser Voreinstufung und den Angaben der Datensammlung eignet sich für den Probanden ein submaximaler Fahrradergometertest nach WHO. Dieser Test funktioniert unabhängig von der Motivation der Testperson und trägt kein Risiko der körperlichen Überbelastung oder orthopädischen Fehlbelastungen mit sich. Der Fahrradergometertest ist jederzeit reproduzierbar und exakt dosierbar. Im Gegensatz zu anderen Testgeräten existieren beim Fahrradergometer Normwerte zum individuellen Leistungsvergleich. Außerdem erfordert es geringe koordinative Anforderungen und ist damit für alle Personengruppen geeignet. Die Testperson ist untrainiert, deshalb wird eine Belastungssteigerung von 25 Watt gewählt.

Mithilfe von Re-Tests kann die Leistungsentwicklung über längeren Zeitraum dokumentiert werden und es besteht die Möglichkeit zu einem intraindividuellen Leistungsvergleich.

Tabelle 2: **Ausdauerleistungstest nach IPN**

Geschlecht	Männlich				
Alter	24 Jahre				
Ruhepuls	70S/min				
Gewicht	90kg				
Stufendauer	2min	Eingangsbelastung	25 Watt	Belastungssteigerung	25 Watt
Pulsobergrenze	180-LA = 156 S/min	Trittfrequenz	70U/min	Abbruchkriterium = Pulsobergrenze	156 S/min

Eingangstest	Datum	20.11.15	
Zeit	Watt	Herzfrequenz 1	Herzfrequenz 2
0:30min	25	72 S/min	85 S/min
2:00min	50	90 S/min	100 S/min
4:00min	75	115 S/min	120 S/min
6:00min	100	125 S/min	130 S/min
8:00min	125	135 S/min	137 S/min
10:00min	150	140 S/min	145 S/min
12:00min	175	150 S/min	153 S/min
14:00min	200	156 S/min	

Watt gesamt	200 Watt
Watt/ Kg	200/90
Bewertung nach	2,20 W/kg =
Normtabelle	durchschnittliche Ausdauerleistungsfähigkeit

1.3 Gesundheits- und Leistungsstatus der Person

Der 24-Jährige hat laut WHO (2015) leichtes Übergewicht/ Präadipositas aufgrund seines BMI. Dieser errechnet sich durch das Körpergewicht und die Körpergröße. Bei einer Größe von 1,85m und einem Gewicht von 90kg wäre 18,5-24,9 ein normaler Wert (WHO, 2015). Der BMI-Wert der Testperson liegt bei 26,3. Genauso sein Körperfettanteil, der mit 24% über den Normwerten von 8-20% bei erwachsenen Männern liegt. (Lehrke & Laessle, 2009). Sein Ruhepuls beträgt 85 Schläge/min und liegt daher über dem Normbereich laut Wollenberg. Der optimale Blutdruck für die Testperson liegt bei 120/80 mmHg (Wollenberg, C., 2015). Sein Blutdruck ist demnach mit 130/85 mmHg hochnormal.

Die Ausdauerleistung wurde nach dem WHO-Test ausgewertet. Seine Pulsobergrenze von 156 S/min erreichte er bei einer Wattzahl von 200. Dieser Wattwert geteilt durch das Körpergewicht von 90kg ergibt einen Wert von 2,20W/kg. Nach der Normtabelle der submaximalen Radergometertests wird die Person als durchschnittlich in seiner Ausdauerleistungsfähigkeit bewertet. Bei der Trainingsplanung sollte aufgrund der genannten Fakten der Ruhepuls, der Blutdruck und das leichte Übergewicht beachtet werden. Ansonsten kann der Proband ohne Einschränkungen trainieren. Das Ergebnis zeigt auf, dass der Student gut belastbar ist und niedrig bis mittleren Anforderungen physisch und psychisch standhält.

2 Zielsetzung- Prognose

Die Person X möchte gerne seine allgemeine Fitness und seine Ausdauerfähigkeit verbessern. Außerdem ist sein Ziel die Gewichtsreduktion. All das kann in seiner Trainingsplanung berücksichtigt werden, da laut seiner biometrischen Daten (Gewicht, Ruhepuls, Erkrankungen, Blutdruck, Operationen, usw.) er keine gesundheitlichen Einschränkungen besitzt. Der Klient hat erhöhte Blutdruckwerte und einen erhöhten Ruhepuls, diese können durch entsprechendes Ausdauertraining auf Normwerte gesenkt werden.

Aufgrund dieser Fakten werden drei Ziele festgelegt. Eingeordnet werden die Ziele in Grob- Teil- und Feinstziele. Grobziele werden langfristig über mehrere Monate geplant. Teil- oder auch Feinziele sind mittelfristig erreichbar (mehrere Wochen). Die kleinste Einheit bilden die Feinstziele, welche schon nach einer Trainingseinheit realisierbar sind.

Tabelle 3: Zielsetzung

Ziel	Inhalt	Ausmaß	Zeit
Teilziel	Körperfettreduktion (ästhetische Veränderung)	2kg	4 Wochen
Grobziel	Senkung des Ruhepuls (gesundheitliche Wirkung)	6 S/min	3 Monaten
Grobziel	Senkung des Blutdruckes (gesundheitliche Wirkung)	5mmHg systolisch / 5mmHg diastolisch	3 Monaten

3 Trainingsplanung Mesozyklus

3.1 Grobplanung Mesozyklus

Tabelle 4: Grobplanung Mesozyklus

	Mesozyklus
Dauer	6 Wochen
Trainingsziel	Aufbau und Entwicklung einer Grundlagenausdauer
Belastungsumfang/Woche	1-2 Stunden
Trainingsmethoden	Extensive Dauermethode
Trainingsintensität	60-75% Hfmax 45-65% HfReserve
Trainingshäufigkeit/Woche	2-3 mal / Woche
Dauer pro Trainingseinheit	20-40min
Trainingsgeräte	Walking auf dem Laufband, Fahrradergometer, Crosstrainer

3.2 Detailplanung Mesozyklus

Tabelle 5: Detailplanung Mesozyklus

Woche 1	Mo	Mi	Fr
Trainingsziel	Aufbau Grundlagenausdauer 1	Aufbau Grundlagenausdauer 1	
Trainingsmethode	Extensive Dauermethode	Extensive Dauermethode	
Trainingsintensität	60% Hfmax 45% HfReserve Trainingsherzfrequenz: 135 S/min	75% Hfmax 65% HfReserve Trainingsherzfrequenz: 157 S/min	
Trainingsdauer	30min	30min	
Trainingsgerät	Fahrradergometer	Laufband (Walking)	
Woche 2	**Mo**	**Mi**	**Fr**
Trainingsziel	Aufbau Grundlagenausdauer 1	Aufbau Grundlagenausdauer 1	
Trainingsmethode	Extensive Dauermethode	Extensive Dauermethode	
Trainingsintensität	60% Hfmax 45% HfReserve Trainingsherzfrequenz: 135 S/min	75% Hfmax 65% HfReserve Trainingsherzfrequenz: 157 S/min	
Trainingsdauer	30min	30min	
Trainingsgerät	Fahrradergometer	Laufband (Walking)	

Woche 3	Mo	Mi	Fr
Trainingsziel	Aufbau und Stabilisierung Grundlagenausdauer 1	Aufbau und Stabilisierung Grundlagenausdauer 1	Aufbau und Stabilisierung Grundlagenausdauer 1
Trainingsmethode	Extensive Dauermethode	Extensive Dauermethode	Extensive Dauermethode
Trainingsintensität	60% Hfmax 45% HfReserve Trainingsherzfrequenz: 135 S/min	75% Hfmax 65% HfReserve Trainingsherzfrequenz: 157 S/min	60% Hfmax 45% HfReserve Trainingsherzfrequenz: 135 S/min
Trainingsdauer	30min	30min	20min
Trainingsgerät	Fahrradergometer	Laufband (Walking)	Crosstrainer
Woche 4	**Mo**	**Mi**	**Fr**
Trainingsziel	Aufbau und Stabilisierung Grundlagenausdauer 1	Aufbau und Stabilisierung Grundlagenausdauer 1	Aufbau und Stabilisierung Grundlagenausdauer 1
Trainingsmethode	Extensive Dauermethode	Extensive Dauermethode	Extensive Dauermethode
Trainingsintensität	60% Hfmax 45% HfReserve Trainingsherzfrequenz: 135 S/min	75% Hfmax 65% HfReserve Trainingsherzfrequenz: 157 S/min	60% Hfmax 45% HfReserve Trainingsherzfrequenz: 135 S/min
Trainingsdauer	30min	30min	20min
Trainingsgerät	Fahrradergometer	Laufband (Walking)	Crosstrainer
Woche 5	**Mo**	**Mi**	**Fr**
Trainingsziel	Aufbau und Stabiliserung Grundlagenausdauer 1	Aufbau und Stabilisierung Grundlagenausdauer 1	Aufbau und Stabilisierung Grundlagenausdauer 1
Trainingsmethode	Extensive Dauermethode	Extensive Dauermethode	Extensive Dauermethode
Trainingsintensität	60% Hfmax 45% HfReserve Trainingsherzfrequenz: 135 S/min	75% Hfmax 65% HfReserve Trainingsherzfrequenz: 157 S/min	60% Hfmax 45% HfReserve Trainingsherzfrequenz: 135 S/min
Trainingsdauer	40min	40min	20min
Trainingsgerät	Fahrradergometer	Laufband (Walking)	Crosstrainer
Woche 6	**Mo**	**Mi**	**Fr**
Trainingsziel	Aufbau und Stabilisierung Grundlagenausdauer 1	Aufbau und Stabilisierung Grundlagenausdauer 1	Aufbau und Stabilisierung Grundlagenausdauer 1
Trainingsmethode	Extensive Dauermethode	Extensive Dauermethode	Extensive Dauermethode
Trainingsintensität	60% Hfmax 45% HfReserve Trainingsherzfrequenz: 135 S/min	75% Hfmax 65% HfReserve Trainingsherzfrequenz: 157 S/min	60% Hfmax 45% HfReserve Trainingsherzfrequenz: 135 S/min
Trainingsdauer	30min	30min	20min
Trainingsgerät	Fahrradergometer	Laufband (Walking)	Crosstrainer

3.3 Begründung zum Mesozyklus

Begründung zum angestrebten wöchentlichen Belastungsumfang:
Der wöchentliche Be- und Entlastungyzyklus wurde mit 2:1 gewählt. Das bedeutet 2 Trainingstage und 1 Entlastungstag. Laut Marquardt (2008, S.82) sind Einsteiger mit dieser Wahl des Zyklus am besten beraten.

"Für die Gestaltung des Belastungsumfang im Gesundheitssport gelten folgende Richtwerte:
Mindestbereich: 10min
Optimalbereich: 30-60min
Grenzbereich: 60-120min" (Gabriel, Wick & Puta, 2011, S.37).
Aufgrund dessen wurde der Belastungsumfang für den Klienten auf 20-40min. begrenzt. In folgenden Mesozyklen kann dieser erhöht werden.

Begründung zur ausgewählten Trainingsmethode:
Zur Verbesserung der allgemeinen Ausdauer (Grundlagenausdauer) wurde die extensive Dauermethode gewählt. Laut Steffny (2010, S.106) wird dadurch die der aerobe Fett- und Kohlenhydratstoffwechsel gefördert, was für den untrainierten Probanden optimal ist. Dabei wird mit 60-70% der maximalen Herzfrequenz trainiert, um so die Grundlagenausdauer I zu entwickeln und stabilisieren. Außerdem wird dabei die Ökonomisierung und Stabilisierung der Funktion des Herz-Kreislaufsystems gefördert (Weineck, 2004, S. 167).

Begründung zur Belastungsprogression:
„Zur Auslösung einer weiteren Leistungssteigerung muss mit zunehmendem Leistungsniveau die Belastung erhöht werden" (Friedmann, 2009, S. 17). Deshalb wurden alle zwei Wochen die Belastung erhöht. Die Steigerung der Belastung wurde das Prinzip: Häufigkeit vor Umfang vor Intensität beachtet (Friedmann, 2009, S. 18). Zunächst wurde die Häufigkeit des Trainings von 2 mal auf 3 mal die Woche erhöht. Nach vier Wochen Training wird im Trainingsplan der Umfang gesteigert. Die Dauer seiner Ausdauereinheiten beträgt nun 40min. In späteren Mesozyklen kann eine Erhöhung der Intensiät in Betracht gezogen werden.

Begründung zu den angestrebten Trainingsbereichen:

Da die Person das Ziel verfolgt Gewicht abzunehmen, sollte er mit niedrigen Intensitäten sein Training absolvieren.

Laut Gabriel, Wick und Puta (2011, S.37) ist der Kalorienumsatz durch Fette bei niedrigeren Intensitäten deutlich höher. Bei einer Herzfrequenz von 55% verbrennt der Körper 80% der Kalorien durch Fett, bei einer Herzfrequenz von 75% nur noch 60%. Außerdem wird durch niedrige Intensitäten der Fettstoffwechsel angekurbelt, was den Weg zu einer Gewichtsabnahme ebnet (Gabriel, Wick & Puta, 2011, S.37).

Die Trainingsherzfrequenz wurde über die Karvonen-Formel berechnet. Zur Ermittlung der optimalen Trainingsherzfrequenz ist diese Methode besonders gut geeignet, da sie das Alter, den Ruhepuls und unterschiedliche Sportarten berücksichtigt. Außerdem ist dabei keine Ausbelastung erforderlich und die Pulsempfehlung ist an das Trainingsziel anpassbar (Gabriel, Wick & Puta, 2006, S.41). Die Karvonen Formel rechnet sich wie folgt:

Trainingsherzfrequenz = (Hfmax − HfRuhe) x Intensität in % + HfRuhe

Die Werte des Klienten werden nun in die Formel eingesetzt:

HfRuhe = 85 S/min
Hfmax = 220 − 24 = 196 S/min
HfReserve = 196 − 85 = 111 S/min
Belastungsintensität = 45% HfReserve
Trainingsherzfrequenz = (196-85) x 0,45 + 85 = 135 S/min

Belastungsintensität = 65% HfReserve
Trainingsherzfrequenz = (196-85) x 0,65 + 85 = 157 S/min

Begründung der Bewegungsform/Ausdauergeräte:

Aufgrund der Trainingsmittelvielfalt wurden für die Person unterschiedliche Bewegungsformen ausgewählt. Das Walking auf dem Laufband eignet sich für Beginner, untrainierte und übergewichtige Personen und ist deswegen bestens für die Testperson geeignet. Vorteile dieser Bewegungsform ist vor allem die Beteiligung zahlreicher Muskelgruppen, durch die ein höherer Kalorienverbrauch entsteht. Durch das alltagsnahe Ganzkörpertraining wird die tiefe Rückenmuskulatur aktiviert und durch die intensive Armarbeit wird die Brustwirbelsäule optimal mobilisiert. Die fehlende Flugphase in der

Bewegung führt zu einer geringen Gelenkbelastung. Außerdem lässt sich für jeden Kunden die Belastung individuell und optimal dosieren (Geschwindigkeit, Steigerung, Schrittfrequenz). Die Belastung lässt sich auch über den unterschiedlich starken Armeinsatz dosieren.

Als weiteres Trainingsgerät wurde der Fahrradergometer gewählt, dieser ist aufgrund seiner individuellen Sitzpositionierung, der einfach und meist bekannten Bewegung und durch die geringe koordinative Anforderung optimal für Beginner und Übergewichtige geeignet. Auch bei diesem Gerät werden die Gelenke geschont und die Belastung lässt sich individuell dosieren (U/min, Wattzahl bzw. Schwierigkeitsstufe).

Die dritte Ausdauereinheit in der Woche wird mit dem Crosstrainer absolviert, da es besonders für Einsteiger, Büroarbeiter und Übergewichtige geeignet ist. Die Person ist Student und wird häufig sitzend arbeiten wie ein Büroarbeiter. Der Crosstrainer besticht durch seinen einfachen und oft als angenehm empfundenen Bewegungsablauf. Gerade für übergewichtige Personen ist die geringe Belastung des Gelenkapparates wichtig. Zudem entsteht ein Ganzkörpereinsatz (bei aktivem Armeinsatz), was für den Kalorienverbrauch von Vorteil ist.

4 Literaturrecherche

Thema: Effekte des Ausdauertrainings auf arterielle Hypertonie

Tabelle 6: Studie 1: Effekte des Ausdauertrainings auf Hypertonie

Studie 1: „Zur Wirkung eines 18-monatigem regelmäßigem Ausdauertraining auf das Blutdruckverhalten bei Hochdruckkranken in Ruhe und Belastung"	
Wer hat die Studie durchgeführt?	R. Ketelhut, U. Behr, I.-W. Franz
Publizitätsjahr	1987
Mit welchen Versuchspersonen wurde die Studie durchgeführt?	10 männliche, untrainierte Personen mit milder Hypertonie des Stadium I Alter: 40-46 Jahre
Versuchsaufbau	Phase 1: – Ruheblutdruckmessung im Liegen alle 10min über eine Stunde – Blutdruckmessung während einer standardisierten Ergometrie (50-100Watt, Steigerungsstufen 10 W/min, 50 Umdrehungen/min, halbsitzende Position)

Versuchsaufbau	Phase 2: – Blutdruckmessung 5min nach der Ergometriemessung Phase 3: – nach 15minütiger Pause Ausdauerbelastung über 60min auf dem Fahrradergometer in sitzender Position (Wattzahlregulation, sodass die Herzfrequenz bei 130-140 Schläge/min konstant blieb) Phase 4: – Blutdruckmessung über zwei Stunden alle 10min in liegender Position → Untersuchungen wurden 6 und 18 Monate nach einem regelmäßigen, 2mal wöchentlichen, angepassten Ausdauertraining (1Stunde) wiederholt
Ergebnisse	• Ruheblutdruck vor Trainingsbeginn: 126/92mmHg • Ruheblutdruck nach 6 Monaten: 125/91mmgHG • Ruheblutdruck nach 18 Monaten: 121±8/86±8mmHg • Blutdruck während Ergometrie vor Trainingsbeginn: 184±10/107±6 mmHg • Blutdruck während Ergometrie nach 6 Monaten: 170±10/100±7mmHg • Blutdruck während Ergometrie nach 18 Monaten: 172±8/96±7mmHg • Herzfrequenzsenkung von 116±11 Schläge/min auf 106±9 Schläge/min gesenkt
Schlussfolgerungen	Richtig dosiertes, mehrmonatiges Ausdauertraining führt bei Hochdruckkranken zu einer Senkung des Ruheblutdrucks, des Blutdrucks während einer standardisierten Ergometrie und des Blutdrucks nach längeren Ausdauerbelastungen und ist damit von Bedeutung für die Therapie von milder Hypertonie

Tabelle 7: **Studie 2: Effekte des Ausdauertrainings auf Hypertonie**

	Studie 2
Wer hat die Studie durchgeführt?	Bickenbach, Anna Lena
Publizitätsjahr	2012
Mit welchen Versuchspersonen wurde die Studie durchgeführt?	55 therapienaive Hypertoniepatienten (42 Männer, 13 Frauen, 54,7 ± 10,4 Jahre, 175,3 ± 8,3 cm, 87,3 ± 14,7 kg) mit arterieller Hypertonie Grad I/Prähypertoinie
Versuchsaufbau	Phase 1: – ärztliche Untersuchung, 24-Stunden-Blutdruckanalyse, Herzfrequenzvariabilitäts-Analyse, Bestimmung der Gefäßelastizität – Probanden randomisiert in vier Gruppen unterteilt: Ausdauertrainingsgruppe, Krafttrainingsgruppe, Mischgruppe aus Ausdauertraining und Krafttraining und eine Kontrollgruppe – Probanden trainierten 12 Wochen lang mit drei Einheiten pro Woche
Ergebnisse	– körperliche Leistungsfähigkeit anhand der maximalen Sauerstoffaufnahme (VO2max) wurde in allen Gruppen erhöht – Ausdauergruppe: Blutdrucksenkung um -3,30 mmHg (2,35%) – Krafttrainingsgruppe: 4,90 mmHg (3,44%) – Mischgruppe Ausdauer- und Krafttraining: -5,80 mmHg (4,18%) – Herzfrequenzvariabilität und Gefäßelastizität veränderten sich nicht statistisch signifikant
Schlussfolgerungen	Hinsichtlich einer Blutdrucksenkung konnten in der Mischgruppe aus Ausdauer- und Krafttraining die besten Ergebnisse erzielt werden. Möglicherweise ist das auf den doppelten Trainingsumfang bzw. die doppelte Trainingsdauer zurückzuführen. Zusammenfassend sollten aufgrund der positiven Effekte in den Trainingsalltag von Hypertoniepatienten Krafttraining integriert werden. Zudem konnte bewiesen werden, dass auch ausschließliches Ausdauertraining den Blutdruck senkt.

5 Literaturverzeichnis

Bickenbach, A. (2012). *Auswirkungen von Ausdauer- vs. Krafttraining vs. der Kombination Ausdauer-/Krafttraining auf die systemische Hämodynamik, Gefäßelastizität sowie Herzfrequenzvariabilität bei Patienten mit arterieller Hypertonie.* Dissertation, Deutsche Sporthochschule Köln. Köln. Zugriff am 20.11.2015. Verfügbar unter http://esport.dshs-koeln.de/314/

Friedmann, K. (2009). *Trainingslehre*. Pfullingen. Promos Verlag.

Kettenis, L. & Eifler, C. (2015). *Studienbrief Trainingslehre II – Gesundheitsorientiertes Ausdauertraining*. Saarbrücken: Deutsche Hochschule für Prävention und Gesundheitsmanagement.

Lehrke, S. & Laessle, R. (2009). *Adipositas im Kindes- und Jugendalter*. Springer Berlin Heidelberg.

Marquardt, M. (2008). *Die Laufbibel* (S.82). Hamburg. Spomedis-Verlag.

Riekert, H. (Hrsg.). (1987). Zur Wirkung eines 18monatigen regelmäßigem Ausdauertraining auf das Blutdruckverhalten bei Bluthochdruckkranken in Ruhe und bei Belastung. *Sportmedizin – Kursbestimmung*, 418f. Zugriff am 20.11.2015. Verfügbar unter http://link.springer.com/chapter/10.1007/978-3-642-72571-5_91#page-1

Steffny, H (2010). *Optimales Lauftraining* (S.106). Südwest Verlag.

Weineck, J. (2004). *Optimales Training: Leistungsphysiologische Trainingslehre unter besonderer Berücksichtigung des Kinder- und Jugendtrainings*. Erlangen. Spitta Verlag GmbH & Co. KG.

WHO (2015). *Body Mass Index – BMI*. Zugriff am 21.11.2015. Verfügbar unter http://www.euro.who.int/en/health-topics/disease-prevention/nutrition/a-healthy-lifestyle/body-mass-index-bmi

Wollenberg, C. *Puls Normalwerte*. Zugriff am 21.11.2015. Verfügbar unter https://www.blutdruckdaten.de/lexikon/puls-normalwerte.html

Wollenberg, C. (2015). *Blutdruck Normwerte*. Zugriff am 19.11.2015. Verfügbar unter https://www.blutdruckdaten.de/lexikon/blutdruck-normalwerte.html

Gabriel, H., Wick, Ch. & Puta, Ch. (2006). *Komponenten präventativen Gesundheitstrainings – Ausdauer, Kraft, Beweglichkeit, Koordination*. In Vogt, L. & Neumann, A. (Hrsg.), *Sport in der Prävention* (S. 37-41). Deutscher Ärzte Verlag Köln.

6 Abbildungs- und Tabellenverzeichnis

6.1 Tabellenverzeichnis

Tabellenverzeichnis

TABELLE 1: ALLGEMEINE UND BIOMETRISCHE DATEN 3

TABELLE 2: AUSDAUERLEISTUNGSTEST NACH IPN 4

TABELLE 3: ZIELSETZUNG 6

TABELLE 4: GROBPLANUNG MESOZYKLUS 7

TABELLE 5: DETAILPLANUNG MESOZYKLUS 7

TABELLE 6: STUDIE 1: EFFEKTE DES AUSDAUERTRAININGS AUF HYPERTONIE 11

TABELLE 7: STUDIE 2: EFFEKTE DES AUSDAUERTRAININGS AUF HYPERTONIE 13

BEI GRIN MACHT SICH IHR WISSEN BEZAHLT

- Wir veröffentlichen Ihre Hausarbeit, Bachelor- und Masterarbeit

- Ihr eigenes eBook und Buch - weltweit in allen wichtigen Shops

- Verdienen Sie an jedem Verkauf

Jetzt bei www.GRIN.com hochladen und kostenlos publizieren